태초의 의사들

태초의 의사들

발 행 | 2024년 3월 11일 초판 1쇄 발행

지은이 | 이원길

펴낸이 | Ryan

펴낸곳 | 마니피캇

컨셉 디텍팅 | Leo

레터링 디자인 | Jacob Seo

표지 및 내지 디자인 | VF84

의료 자문 및 감수 | 국립암센터 암전이연구과 이전수 연구원

출판사등록 | 2024.01.23 (제2024-4호)

주 소 | 경기도 의정부시 용민로 10, 1105-105

이메일 | okryan@nate.com

ISBN | 979-11-986451-2-8 92040

가 격 | 15,000원

책 내용과 관련한 작가와의 소통은 아래 채널로 가능합니다.

카카오톡 ID : ryan0128

본 책은 Catholic Reading Forum에서 미리 읽어봐 주셨습니다.

지난 10년간 함께 내공을 다져준 CRF멤버 분들에게 깊은 감사드립니다.

태초의 의사들

무려 31,000년 전 호모사피엔스들이
사지절단술을 성공적으로 수행했고
현대의 치과 수술과 유사한 방식으로
치과 수술을 했다는 걸 알고 있나요?
심지어 그들은 두개골을 뚫는 뇌 수술을 했고
그런 뇌수술을 받고 생존한 사람들도 있었습니다.
석기 시대 사람들에게도 의사들이 있었습니다.
인간은 모든 세대 속에서 언제나
Homo Sapiens (슬기로운 인간) 였습니다.

이원길 지음

차례

♦

땅은 아직 꼴을 갖추지 못하고

비어 있었는데, 어둠이 심연을 덮고

하느님의 영이 그 물 위를 감돌고 있었다.

(창세기 1장 2절)

네 침상을 들고 가라

예수께서 배를 타시고 호수를 건너 자기 동네로 돌아오시자 사람들이 중풍병자 한 사람을 침상에 누인 채 예수께 데려왔다. 예수께서 그들의 믿음을 보시고 중풍병자에게 "안심하여라. 네가 죄를 용서받았다." 하고 말씀하셨다. 그러자 율법학자 몇 사람이 속으로 "이 사람이 하느님을 모독하는구나!" 하며 수군거렸다. 예수께서 그들의 생각을 알아채시고 "어찌하여 너희들은 악한 생각을 품고 있느냐? '네가 죄를 용서받았다.' 하고 말하는 것과 '일어나서 걸어가라.' 하고 말하는 것과 어느 편이 더 쉽겠느냐? 이제 사람의 아들이 땅에서 죄를 용서하는 권한이 있음을 보여주마." 하시고는 중풍병자에게 "일어나 네 침상을 들고 집으로 가라." 하고 명령하시자 그는 일어나서 집으로 돌아갔다. 이것을 보고 무리는 두려워하는 한편, 사람에게 이런 권한을 주신 하느님을 찬양하였다.

(마태오 복음 9:1,~8)

　기원 전후가 갈리는 기준이 되는 예수님의 활동 시기, 주님의 치유의 기적을 체험한 사람들의 상태는 어땠을까?

　"일어나 네 침상을 들고 집으로 가라." 하고 말씀하시자 곧 성령의 힘이 온 몸을 감싸며 몸 속 깊은 곳 질병의 근원이 되는 지점에서부터 은총의 빛이 뻗어 나온다. 병든 장기가 **본래의 상태로** 회복되며 꼬여 있던 혈관이 다시 제 기능을 수행하기 시작하자 순환이 정상으로 돌아오며 순식간에 몸 안의 모든 무질서가 질서를 되찾는다. 몸 안의 질서가 바로잡히자 그 사람이 질병으로 인해 겪고 있던 모든 정신적 어려움(우울감, 무력감, 절망감, 대인기피, 공황장애등)도 함께 사라졌다. 이 모든 게 찰라(刹那)의 순간에 벌어진 일이었다.

예수님의 질병 치유 기적은 하느님의 완전한 인류 창조사에 죄와 죽음이라는 악의 무질서함을 바로잡는 구원 사업을 의미하는 메타포 였다. 질병을 치유 받은 이는 새로운 삶, 즉 새로운 시간을 얻었겠지만 종국엔 다시 죽음을 받아들여야 했을 것이다. 또 한번의 기적을 바라는 마음에 다시 예수를 찾았을 때엔 예수는 이미 이

세상엔 없었다. 그가 십자가에 못 박혀 죽은 뒤 사흘만에 다시 부활해서 하늘로 승천했다는 소문만 전해 듣게 되었다. 그제서야 그는 자기 몸에 일어난 하늘 나라의 신비를 제대로 깨달았을 지도 모를 일이다. **아, 하느님의 구원 사업은 이 세계가 아닌 저 세계를 말씀하신 것이었구나!**

하나의 사건에 결부되는 수많은 인물들과 그 관계들에 민족과 문화, 종교와 정치가 엮어지는 역사의 기록은 무궁무진하고 다양한 관점에서 기록될 수 있다. 그래서 역사를 주제로 하는 문헌들은 파도 파도 끝이 없고, 관점을 조금만 달리하면 또 다른 맛을 낼 수 있다. 실로 그 응용법이 무궁무진 하다. 의학의 역사도 마찬가지일 터다. 의학사에 주요 발견 사건을 중심으로 역사를 구술하면 인물 중심의 의학 역사가 될 수 있을 것이고, 인류에

중대한 위협을 줬던 펜데믹을 중심으로 구술하면 그것은 병균의 역사가 될 수도 있을 것이다. 아마도 현대의 의사들은 각자의 전공에 따른 생리학, 병리학, 해부학, 약리학적 관점의 역사에 더 관심을 기울일 수도 있다.

헬스케어 분야의 브랜딩은 **니즘적 차원에서 다뤄야 한다는** 평소 신념을 바탕으로 백년병원 1챕터의 심화 과정인 'Nism<가제>'의 집필을 준비중이었다. 집필을 준비하는 과정 중 의학 역사에 관해 언급할 필요가 있어 관련 서적들을 살펴보니 다소 아쉬운 수준의 번역서 몇 권 말고는 제대로 정리된 책이 한 권도 없었다.

오늘날 우리가 누리고 있는 현대 의학은 불과 200년 간에 이뤄진 폭발적 진보의 결과다. 그 이전 시대의 의술과 관련된 역사적 기술을 보면 내가 지금 태어난 게 다행이다 싶을 정도로 **불결했던 의료 환경, 조악했던**

의료 기술, 위험하기 짝이 없던 약학 지식, 돌팔이와 의료인의 경계를 알기 어려운 의사의 직업 윤리 등 이게 과연 치료 행위인지 고문 행위인지 구분할 수 없을 만큼 공포스러운 묘사가 많다.

의학의 역사는 인간의 불완전성을 극복하고 생명을 연장하기 위한 치열한 생의 투쟁의 역사였다. 투쟁의 역사 한 가운데에 존재했던 의학계 위인들의 삶을 돌아보면 오늘날 마치 출세의 기준인 것으로만 비춰지는 **의사라는 업(業)**이 얼마나 숭고한 사명을 지닌 **업(業)**이었던가를 다시 한번 생각해보게 한다.

앞으로 의학의 역사를 재미있게 풀어낸 시리즈를 계속해서 낼 계획이다. 그 **첫번째 책인 '태초의 의사들'**은 기원전 석기 시대의 의학 역사를 중점적으로 다뤘다. 다음 책 부터는 고대 이집트와 그 주변 문명, 그리고 그리스 히포크라테스 시대와 중세 시대를 거쳐 미국 개척 시기와 1,2차 세계대전, 마침내 현재에 이르기까지, 인류의 의학 역사에 해당하는 전 과정을 쉽고 재미있게 그리고 치밀하게 살펴볼 예정이다. 현대에 이르러 많은 사람들이 존경해 마지 않는 '의사 선생님'이라는 **업(業)의 지위가** 제대로 자리잡은 건 채 100년이 안 된다. 그 전 세대의 의사들은 병의 원인을 정확히 설명해주지 못하고, 의료 행위를 해도 사망률이 꽤 높았던 원망의 대상이자 (마취의 역사도 그리 길지 않았기에) 공포의 대상이었다.

◆

하느님께서 그들에게
복을 내리며 말씀하셨다.
"자식을 많이 낳고 번성하여
땅을 가득 채우고 지배하여라.
그리고 바다의 물고기와
하늘의 새와 땅을 기어 다니는
온갖 생물을 다스려라."

(창세기 1장 28절)

태초의 산부인과,
Göbekli Tepe

고대 원시 인류는 오로지 조상으로부터 구전으로 전해지는 지혜에 의존해 살아가야 했다. 그 지혜는 어떻게 하면 변화 무쌍한 자연 환경으로부터 연약하기 짝이 없는 신체를 보호할 수 있고, 어떻게 먹어야 배탈이 나지 않고, 중독되어 죽지 않을 지에 관한 내용이었다. 하지만 결국엔 도래하고 마는 죽음은 그들의 조상들도 도저히 알려줄 수 없는 미지의 영역이었다.

괴베클리 테페 유적지 (출처: Nico Becker, Göbekli Tepe Archivel)

튀르키에 남부 우르파 인근 해발 760m에 있는 괴베
클리 테페(Göbekli Tepe)는 튀르키에 어로 배불뚝이 언덕
이라는 뜻이다. 이 언덕에는 기원전 9,000년 이상된 석
기 시대의 고대 유적지가 있다. 오밀조밀하게 쌓인 돌담
들이 겹겹이 원형을 이루고 있고, 그 원형의 통로를 따
라 T자형 돌기둥이 나란히 줄 서서 배치되어 있는데 그

중심부에는 거대한 T자형 돌기둥 2개가 마주하는 형태를 띄고 있다. 10톤이 넘는 무게의 석판 벽과 최대 높이 5.5m에 이르는 T자형태의 돌 기둥이 2백개 이상 늘어선 매우 큰 규모다.

아직 인류가 정착 생활을 시작하기 이전인 석기 시대다. 괴베클리 테페의 발견은 그동안 고고학적인 통념이었던 ①원시 인류가 채집과 수렵 생활을 병행하며 떠돌며 살아오다가 ②농경 기술을 터득하게 되면서 특정 지역에 정착하게 됐고, ③이와 같은 정착 생활을 하다 보니, 그룹이 생겨나고, 그룹간에 통폐합을 거처 문명으로 발달한 뒤에야 ④조직적 노동력을 동원해 종교적 건축물을 지었다는 개념을 완전히 뒤엎었다. 떠돌이 수렵, 채집 생활을 하던 원시 인류에게도 **공통된 종교적 연대감**

이 있었다. 산꼭대기에 있던 이 사원은 무려 2천년여년 동안이나 애용되어 오다 이후 이 지역에 본격적으로 자리잡은 문명에 의해 폭력적이거나 파괴적이지 않은 방법으로 조심스레 폐쇄됐다.

* 괴베클리 테페를 위에서 본 모습 (출처 : Dietrich, Heun, Notroff, Schmidt 및 Zarnkow 2012)

특히 이 사원엔 출산 전용 공간으로 쓰인 흔적이 있는 장소가 있었다. **인류 최초의 산부인과 병원 역할**을 한 셈이다. 굳이 산꼭대기까지 원정 와서 아이를 낳아야 할 필요가 있었을 만큼 이 곳은 죽음과 생명이 교차하는 신성한 장소였다. 실제로 이 사원에는 집단에서 꽤 존경받던 인물이었을 것으로 추정되는 **3구의 신성한 두개골이** 특별하게 게시됐던 흔적이 있다. 신이 아직 등장하지 않았던 시대이기에 영웅 같은 조상들을 숭배할 수밖에 없었을 것이다. 어쩌면 태초의 영웅들은 뛰어난 전투 능력을 발휘해 랩터의 습격으로부터 집단을 보호했거나, 탁월한 의술로 죽음이 임박했던 사람을 치유해냈거나, 놀라운 발견 또는 발명을 통해 당대에 큰 진보를 이뤄내는 업적을 이뤄냈을 수도 있다. 이들의 두개골은 사후에 인위적으로 처리되어 이곳에 게시됐다. 당시 괴베클리 테페 인근에 매장된 많은 사람의 두개골과 뼈들 상당수에서 동물로 인해 훼손된 흔적이 있던 것에 비해 이들의 두개골은 깨끗하다. 특별히 관리되었다는 의미다.

* A : 참수된 인간 조각상 B : 인간의 머리를 어딘가 바치는 사람, C : 랩터 가면을 쓴 인간이 랩터들에게 사람의 머리를 재물로 바치는 상형 그림 (출처: : Klaus Schmidt, Göbekli Tepe Archive)

괴베클리 테페의 두개골 영웅들은 특히 사냥에 있어 탁월했던 것으로 보인다. 당대 많은 사냥꾼들이 이 곳을 방문했다. 사원 주변에서 발견되는 수많은 종류의 사냥 도구들에 쓰여진 흑요석과 같은 재료들은 반경 500km 거리에서나 찾을 수 있는 소재들이었다. 석기 시대인들의 종교적 성지였던 셈이다. 많은 사람들이 모여들다 보니, 축제(또는 예식)가 빠질 수 없었을 터다. 이곳에서는 수시로 축제(또는 예식)를 준비했던 흔적도 있다. 제사를 지낸 후 제사 음식을 나눠 먹었던 것처럼 수많은 동물뼈 들이 매장되어 있었는데 대부분 멧돼지였다.

이와 같은 거대 구조물을 건설하기 위해서는 필연적 으로 많은 인간의 희생이 요구됐다. 이 시기 많은 신석 기인들에게서 크고 무거운 물건을 자주 들고 운반했을 때 발생했을 것으로 보이는 **골관절염 흔적**과 큰 암석을

장시간 끌었을 때 발행하는 **척추의 미세골절, 분리증**의 흔적들은 석기 시대라고 마냥 평화롭기만한 시대는 아니었음을 말해준다. **사원이자 병원을 만들기 위해 병을 얻은 셈**이다.

* 유적 발굴이 계속되는 현장 항공 사진으로 유적지를 보호하기 위한 시설물들이 설치되어 있다. (출처 : Göbekli Tepe, Turkey. A brief summary of research at a new World Heritage Site)

기적적인 치유, 회복을 상징하는 주술적 의미를 띤 요란한 복장을 입은 태초의 의사가 당대에 좋다고 여겨지던 갖가지 약초와 향료들을 환자 주변에 피워 올린다. 질병의 원인을 구체적으로 알리 없던 사람들에게 있어 신체의 괴이한 변형 또는 내장으로부터 스멀스멀 올라오는 미지의 고통은 그들이 알 수 없는 영적인 원인으로 여겨졌다. 달리 할 수 있는 게 없던 괴베클리 테페 사원의 태초의 의사들은 저 높은 하늘 어딘가 숨어 있는 알 수 없는 절대자에게 기적을 호소하는 수밖에 없었다.

그들은 수많은 번제물의 연기가 하늘로 올라가는 사이, 혼신의 힘을 다해 소리 지르며 격렬한 춤사위를 펼쳤다. 이런 간절한 기도는 **태초의 의사들에게 있어 중요한 의료 행위**나 마찬가지였다. 안타깝게도 대부분의 환자들은 죽음을 맞이했을 것이다. 그래도 마지막까지 애

써준 의사들을 원망하진 않았을 것이다. 당시에 일단의 구성원들에게 찾아온 치명적인 부상이나 질병의 발현은 거의 죽음으로 받아들여졌을테니 말이다. 오히려 마지막 순간의 숭고한 의식으로 감사해했을 지도 모를 일이다.

요즘 같은 기후에서는 상상조차 할 수 없을 정도로 맑은 밤 하늘에 쏟아져 내리는 별빛 아래에서 사랑하는 가족 또는 동료 구성원들 중 누군가가 병들어 죽어가는 상황은 그들에게 있어 견디기 힘든 아픔임과 동시에 극복할 수 없는 공포였다. 할 수 있는 최선을 다해도 죽어가는 환자들 앞에서 신의 권능을 더 강하게 체감할 수밖에 없었을 태초의 의사들의 마음을 상상해본다.

우리는 어디 서 와서 어디로 가는가? 맹수들은 끊임 없이 우리들의 캠프를 위협하고 예측할 수 없는 자연

의 변화는 보이지 않는 절대 존재를 더욱 갈망케 한다. 불 마저 없었다면 진작에 우린 모두 죽어 사라졌을 터, 내일 다시 해가 뜨면 건장한 남자들은 낚시와 사냥을 떠나고 여자들은 과일과 곡식들을 모으고 손이 좋은 노인들은 새로운 사냥 장비를 개발할 것이다. 그럼에도 불구하고 우리는 이 거대하고 신비한 자연 앞에 한없이 나약한 존재다. 우리는 어디서 와서 어디로 가는가? 우리를 존재케 하는 존재는 왜 우리를 이 곳에 존재케 했는가?

수렵, 채집 떠돌이 생활을 하며 하루 하루 맹수와 싸움을 벌이기도 바빴을 그들에게 무려 10톤이 넘는 거대한 구조물을 함께 건조했던 강력한 종교적 유대감은 그들에게 죽음 너머의 절대자에 대한 갈망이 얼마나 컸는

지를 짐작케 한다.

독일의 철학자 노발리스는 존재의 근원에 대한 인간의 끊임 없는 탐구 본능에 관해 이렇게 말했다. **"철학은 고향을 그리워하는 마음, 그래서 어디에서든 고향을 찾고 고향을 만들려는 마음의 충동이다."**

♦

하느님께서 말씀하시기를

"하늘 아래에 있는 물은 한곳으로 모여,

뭍이 드러나라." 하시자, 그대로 되었다."

(창세기 1장 9절)

2

떼우고 뚫고 할 것 다 했던
태초의 치과 의사들

매장 상태로 발견되는 신석기 시대 유해 대부분의 연령은 40세였다. 당시 많은 어린 산모들은 출산 중에 적절한 조치를 받지 못해 사망했다. 설령 운 좋게 태어났다고 해도 그 아이들 중 절반 이상의 영유아들이 4세 이전에 사망했다. 장수하지 못하고 사망한 당시 사람들의 75%는 탈수가 수반되는 설사가 포함된 감염에 의한 사망이었을 것으로 추정한다. 이렇듯 여러 가지로 가혹

했던 환경과 극악의 유아기 생존률을 감안하면 석기 시대인들의 평균 수명은 25세 ~ 30세 정도 였을 것으로 추정된다. 그래도 오늘날 같이 정신적 스트레스가 심하진 않았다. 과도한 음식 섭취로 인해 발병하는 만성 성인병도 없었다. 별도의 가공 과정을 거치지 않고, 조미료도 첨가되지 않은 날 것 그대로의 원시 인류의 음식은 오늘날 우리 기준에서 봤을 땐 매일 건강 생식을 하던 것과 다름 없었다. 그때의 사람들을 상상해본다.

해가 오래 머물면서 날이 따듯하다. 그래서인지 요즘엔 사슴 사냥이 수월하다. 강한 체력이 요구되는 사냥을 못하는 소년과 노인들은 주로 송어를 낚아왔다. 입 안에 나쁜 기운이 든 사람들은 사슴 고기 보다는 송어 고기를 더 선호했다.

어머니는 우리들에게 수지 덩어리를 나눠주며 부지런히 씹어 뱉게 했다. 입안에서 침과 함께 걸죽해진 수지 덩어리를 부서진 그릇이나 부러진 창 사이에 붙여 고정해 한나절 놔두면 감쪽같이 원래대로 돌아왔다.

그나저나 막내가 걱정이다. 막내 역시 입에 나쁜 기운이 들어 턱이 단단히 부어 있다. 수지 씹는 것도 힘겨워 한다. 아버지가 저렇게 오래 놔두면 나중에 더 크게 화를 치를 수 있다고 해서 곧 의사에게 데려갈 것 같다. 그래서인지 막내는 아버지만 봤다하면 도망다닌다.

튀르키에 메르신 대학이 주도한 연구진이 1만년전 석기 시대 스칸다나비아의 스웨덴 서해안 HusebyKlev에서 발굴된 Pitch (주로 자작나무에서 추출한 수지로 휘발 성분이

증발하면 송진이 된다. 씹어서 접착제로 사용했다. 자작나무는 신석기 시대 중요 자원이었다.) 조각 분석에 의하면 당시 10대 ~ 20대 젊은이들은 **사슴, 사과, 붉은 여우, 회색 늑대, 청둥 오리, 삿갓 조개, 송어, 헤이즐넛을** 섭취했던 것으로 보인다.

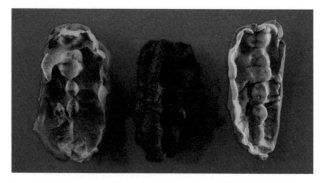

* 씹은 피치 조각의 주형 주조물, (출처 : Cosmos Ancient 'chewing gum' reveals poor Stone Age dental health, Evrim Yazgin)

당시 신석기인들은 사냥 도구나 다양한 생활 용품에 Pitch를 접착제처럼 사용했다. 식물에서 채취한 수지를 씹어 사용하기 좋게 만들면 숙련된 공예가들이 접착제로 활용했다. 해당 현장에서 100개 이상의 Pitch 조각이 발견된 것으로 보아 해당 장소는 이와 같은 도구들을 제작하는 장소였을 것이다.

3명의 10대 아이들 중 하나의 DNA에서 심각한 치주염을 앓았던 흔적도 발견됐다. 아마도 이 소녀는 수지를 씹는 것 뿐 아니라 사슴 고기를 씹는데도 상당한 어려움을 겪었을 것으로 보인다. 아프리카 북서부 지역 원시인들의 치아 상태도 좋진 않았던 것 같다. 13,700년 전의 모로코 국립 고고학 연구소와 영국 옥스퍼드대학의 2014년도 '비둘기 동굴에서 발견한 원시 인류 화석 52구에 대한 분석' 연구에 따르면 이들의 치아 역시 매우 부실했으며 극심한 치통과 구취에 시달렸을 것으로 추정했다. 요즘 같은 시대에는 치아에 조금만 신호가 와도 바로 치과로 달려가겠지만 당시에는 그냥 참고 견뎌야 했을 것이다. 일정 시간이 지나면 결국 신경은 죽었겠지만 그때까지 통증은 상상 못할 고통이었을 것이다. 이들은 주로 **도토리, 잣, 피스타치오**와 함께 종종 **달팽이**도 먹었다. 이와 같은 식단은 치아의 법랑질을 부식시키는 박테리아에겐 더할 나위 없는 에너지 공급원이었다. 특히 도토리는 치아 사이 사이에 틀어 박혀 충치를 유발하는데 혁혁한 공을 세웠을 것이다.

박테리아의 왕성한 구강내 활동은 참기 힘든 구취를 몰고 왔을 것이다. 그들은 서로 입냄새가 난다며 다투거나 서로의 얼굴을 마주보지 않고 대화했을 수도 있다. 그럼에도 불구하고 도토리의 달콤함을 포기할 순 없던 것 같다. 이들 공동체의 도처에는 압도적으로 많은 도토리 껍질이 발견됐다.

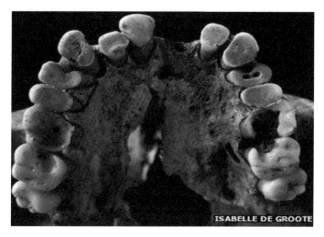

* 오른쪽 어금니에 심한 충치를 확인할 수 있다. 바로 아래턱엔 농양으로 인해 뼈에 천공이 생긴 것을 확인할 수 있다. (출처 : BBC, Jonathan Amos의 Moroccan Stone Age hunters' rotten teeth)

그렇다고 신석기인들의 치아 상태가 마냥 심각하기만

했던 상태는 아니었다. 2007년, 스위스 국립 방송은 베른 대학과 취리히 대학 교수진과 함께 라인강 유역에 석기 시대 환경을 그대로 재현한 뒤 10명의 피험자를 대상으로 4주 동안의 관찰 실험을 진행했다. 피험자들은 '신석기 식단'을 제공 받았고 어느 누구도 치약이나 칫솔을 사용할 수 없도록 했다. 그들이 양치를 위해 사용할 수 있던 건 오로지 현장에서 발견하고 사용할 수 있는 천연 재료에 한해서였다.

4주가 지난 뒤 결과는 어찌 됐을까? 대부분 구강 상태가 더 악화됐을 것으로 생각하겠지만 결과는 정반대였다. 치은염의 심각도는 오히려 감소한 결과가 나왔다. 이 실험은 양치를 안해서 구강 상태나 나빠지는 것 보다 정제된 설탕을 섭취하는 식단만으로도 **구강 건강에 더 심각한 문제가 생길 수 있다는** 사실을 분명히 알려줬다.

호주 애들레이드 대학의 고대 DNA 센터소장인 앨런 쿠퍼 연구팀이 2013년 2월 18일자 Nature Geneti c지에 발표한 보고도 비슷했다. 농경 사회가 도래하면서 식단이 바뀌고, 식단이 바뀌면서 구강 박테리아 구성이 변화됐다. 그 뒤 산업혁명을 기점으로 가공된 식재료들을 소비하게 되면서 구강 박테리아의 다양성이 극적으로 감소하면서 현재의 우식 유발 균주가 더 유리한 상황이 조성됐다는 것이다. 결론적으로 현대인의 구강 상태가 충치 유발에는 더 취약한 상황이 된 셈이다. 그래도 현대인에겐 다양한 종류의 치약 칫솔, 휴대용 치실, 리스테린이 있다. 물론 원시 인류들에게도 이에 못지 않은 나름의 방법들이 있었다. 스페인 바르셀로나 자치대학 · 영국 요크대학 선사 고고학 연구진의 연구 결과에 따르면 선사 시대인들이 충치균을 억제하는 '향부자'를 식후에 씹어 양치 역할을 했음을 밝혀 내기도 했다. 향부자는 사초과에 속하는 다년생 식물로 물이 있는 곳이면 어디서든 잘 자라는 식물이다. 이 향부자에는 사이페린(cyperene) · 사이페롤(cyp erol) · 이소사이페롤(isocyperol) 같은 성분이 풍부하고, 스트렙토코쿠스 무탄스(Streptococcus mutans) 같은 치태와 충치 생성균을 억제하는 성분이 들어있다. 원시 인류가 이와 같은 성분을 알았을 리는 없다. 단, 식물 특유의 향이 있어 원시 인류가 식후에 이 향이 강한 향부자를 씹고 입 안을 헹구어 내며 일종의 양치 행위를 했을 것으로 추정해 볼 수 있겠다. 그 때의 사람들을 상상해본다.

* 치아 중 하나에 뚜렷한 마모 자국이 있어 그가 이쑤시개를 사용했음을 알 수 있다. (출처 : The man from Korsør Nor / Dental health in the Mesolithic period)

며칠 전부터 아내의 볼이 크게 부어 올랐다. 그 좋아하는 사슴 고기도 통 먹질 못한다. 연어 같이 부드러운 생선들만 삼키고 있다. 오늘 아침엔 아예 일어나질 못했다. 몸이 불덩이 같다. 끙끙 앓는 소리만 낼 뿐이다. 이대로 뒀다간 며칠 못 넘길 것 같다. 그렇게 조심했건만 악령이 입으로 들어오다니, 내일은 족장에게 사정을 말하고, 사냥에서 빠져야겠다. 이제 사냥감을 몰이하는 몰이조에 속한 아들 녀석이 추격조로 들어갈만큼 성장하기도 했다. 날 밝는대로 의사를 찾아가 봐야겠다.

13,000년전과 12,740년전 북부 이탈리아 Riparo Fredian 유적지에서 발견한 치아 화석에는 충치에 감염된 치아내 조직을 닦아내고 긁어낸 뒤 역청으로 떼우는 작업까지 한 흔적이 있다. 역청이 주로 석기 시대 무기들을 손잡이와 연결하는 접착제 역할을 했던 것을 감안하면 **태초의 치과 의사들**은 치아를 메우는 데 있어 당시에 동원 가능한 최고의 소재를 사용했던 셈이다.

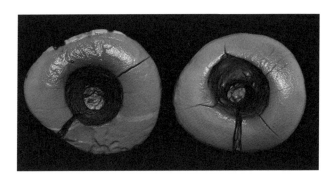

* 발견된 화석을 컴퓨터를 재구성한 이미지로 연구자들은 각 구멍의 내벽에 있는 자국이 감염된 조직을 제거하는 데 사용되는 뾰족한 돌 도구에 의해 만들어졌다고 추정한다. 구멍이 치수강까지 뻗어 있어 시술 과정은 매우 고통스러웠을 것이다. (출처 : Stone Age hunter-gatherers tackled their cavities with a sharp tool and tar Tooth find adds to evidence that some form of dentistry has existed for at least 14,000 years)

파키스탄 서부 인더스강 계곡의 9,000년전 석기 시대 대단지 메흐가르(Mehrgarh) 유적지에서 발견된 300개의 표본 에서는 모두 11개의 구멍 뚫린 어금니를 확인했다.

치아에 구멍을 뚫는 사례로는 최초의 사례인 셈이다. 이러한 치료법은 이 지역에서 무려 1,500년 동안이나 이어졌다. **태초에 치아에 구멍을 뚫은 치과 의사들의** 환자는 모두 9명이었다. 이 중에 여성이 4명, 남성이 2명, 성별을 확인할 수 없는 3명이 있었다. 연령대는 20세에서 40세까지 다양했고, 이 중 1명은 3번이나 치료를 받았다. 대부분 입안 깊은 곳 어금니 표면에서 치료가 이뤄졌다. 미학적 목적이었으면 이가 보이는 곳에 뚫었을 것이다.

이와 같은 기기를 다뤘던 **태초의 치과 의사들**은 모두 고도로 숙련된 공예 장인들이었을 것으로 추정된다. 그곳에서 치아에 낸 구멍보다 더 작고 정교한 구멍을 낸 구슬이 발견됐고, 그와 같은 구멍을 내는데 쓰인 더 가늘고 날카로운 드릴 헤드가 발견됐기 때문이다.

태초의 의사들

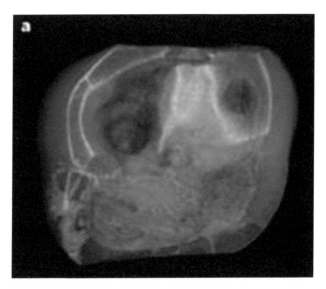

* 교합면에 두 개의 구멍이 뚫린 Mehrgarh 성인 남성의 상악 왼쪽 두 번째 대구치, (출처 : L. Bondioli (로마 L. Pigorini 박물관)

구멍을 뚫은 치아에 충전재를 넣은 증거는 발견되지 않았지만 천공 주변에 마모된 흔적이 있는 것으로 보아

2. 뚫고 떼우고 할 것 다 했던 태초의 치과 의사들

특정한 충전재를 사용해 고통 없이 씹는 행위를 지속할 수 있게 조치 했던 것으로 추측된다. 안타깝게도 이 의사들의 기술은 다음 세대로 전수되진 않았다.

9명의 환자들은 모두 평범한 사람들이었다. **드릴링 기술을 보유한 태초의 치과 병원**이 일부 높으신 분들만을 위한 전유물은 아니었던 셈이다.

치과는 오늘날 마취를 할 수 있음에도 불구하고 여전히 많은 사람들이 질겁하고 싫어하는 치료 분야다.

마취는 생각조차 할 수 없던 시대, 이들의 치료 과정은 얼마나 고통스러웠을까? 아마도 사지를 묶는 것으로 모자라 많은 인원들이 팔 다리를 붙들어 매고 있었을 터다. 석션 같은 장비는 있었을 리 만무하니, 치료 과정 중에 발생하는 출혈은 쉴새 없이 목구멍을 넘어가다 못해

피로 가글을 하고 있는 상황이 전개됐을 수 있다. 그럼에도 불구하고 9명의 시민들은 당장의 치통을 끝장내기 위해 공포의 치과 치료에 몸을 맡겼다. 그래도 **태초의 치과 의사들**은 자신 있었을 것이다. 치아보다 더 작고 정교한 보석을 세공하던 보석 세공사가 본업이었을 테니 말이다.

입을 벌리고 온 몸이 묶인 채 쉴새 없이 비명을 내지르는 환자 앞에 부싯돌 드릴 헤드를 들고 땀 흘리며 중얼 거렸을 태초의 치과 의사를 상상해본다.

"집중해, 이건 호박 목걸이야, 이건 호박 목걸이야, 난 지금 호박 목걸이를 세공하고 있는거야!! "

◆

하느님께서 말씀하시기를

"이제 내가 온 땅 위에서 씨를 맺는 모든 풀과

씨 있는 모든 과일나무를 너희에게 준다.

이것이 너희의 양식이 될 것이다.

땅의 모든 짐승과 하늘의 모든 새와

땅을 기어 다니는 모든 생물에게는

온갖 푸른 풀을 양식으로 준다." 하시자,

그대로 되었다.

(창세기 1장 28~30)

3

뇌 수술도 서슴지 않았던
태초의 외과 의사들

질병의 원인을 구체적으로 알리 없던 당시 사람들에게 있어 신체의 괴이한 변형이나 원인을 알 수 없는 고통은 대부분 영적 원인으로 인해 발생한 것으로 생각됐다. 잘 모르니까 오히려 영적으로 해석하는 범위는 넓어졌던 셈이다. 특히 뇌의 이상으로 인해 기이한 행동을 하는 사람이나 간질 같은 뇌병변으로 인해 발생하는 병은 당시 사람들의 눈에 비치기엔 모두 악령에 씐 것처럼 보였을 것이다.

석기 시대에 두개골에 구멍을 뚫는 천공술의 흔적은 전세계 도처에서 두루 발견됐다. 현재까지 대략 1,500개 정도의 천공된 두개골이 발견됐는데 발견된 지역만해도 지금의 **프랑스, 스페인, 포르투갈, 북아프리카, 이탈리아, 영국, 스위스, 독일, 오스트리아, 벨기에, 덴마크, 스웨덴, 폴란드 및 러시아에 이어 미국, 페루, 북미 캐나다, 중국, 일본, 아프가니스탄**에 이른다. 이 정도면 지역마다 요상한 머리의 투구를 쓰고 다니는 사람을 심심치 않게 발견했을 수준이다.

더 놀라운 사실은 1,500개의 천공 두개골 중 40% ~ 50% 정도에는 천공된 주변의 뼈 조직이 자라난 흔적이 있다는 것이다. 천공술을 받은 사람들이 생존했다는 증거다. 만일 경질막이 손상됐다면 필연적으로 수막염이

동반됐을 것이고, 이 경우 석기 시대 의료 수준으로는 100% 사망했을 것이기에 생존한 사람들은 모두 경질막 파손에까지 이르진 않았을 것으로 추정해볼 수 있다.

오늘날 같이 정교한 수술 기구가 있을 리 만무한데 실로 대단한 석기 시대의 기술력이다. 수박으로 가정하면 돌로 만든 날카로운 도구를 이용해서 수박의 과육을 건드리지 않고 과육과 껍질 사이의 속 껍질까지만 천공을 냈다는 건데 **예나 지금이나 손 기술은 의사의 핵심 재능**이였던 것으로 보인다.

석기 시대 성인 남성들은 대부분 숙련된 사냥꾼이었다. 집단의 숙련된 사냥꾼들은 사냥이나 전투 중에 입은 여러 종류의 부상들이 인체에 어떤 영향을 미치는지 경험으로 잘 알고 있었다. 몸통에 입는 부상은 장기의 손

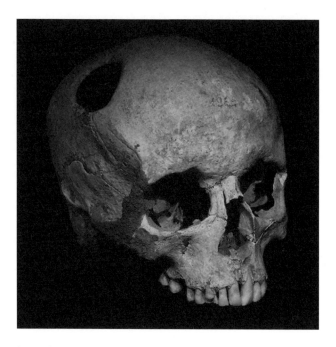

* 새로운 뼈 조직이 자라면서 둥글게 처리되어 있어 환자가 수술에서 살아 남았음을 나타낸다. 이 두개골은 스위스 코르소에서 발견되었다 (출처 : wikipedia)

태초의 의사들

상을 가져왔기에 바로 죽음으로 이어졌다. 이 시기에 이와 같은 치명적인 외상 치료는 불가능했다. 반면 머리 부상은 애매한 경우가 있었다. 타격을 받은 위치, 힘의 수준에 따라 경우에 따라서는 뇌진탕처럼 잠시 의식을 잃었다 깨어나는 경우가 있었고, 뇌 타박상같이 오래 의식을 잃었다가 부종이 가라앉으면 다시 깨어나는 경우도 있었다. 극히 예외적인 경우에 따라서는 아무렇지 않게 멀쩡한 경우도 있었을 것이다. 이런 다양한 현상들을 당시 사람들이 온전히 이해하기는 힘들었기에 오히려 과감해졌을 수 있다.

머리 부상을 입어 의식을 잃은 사람들을 마주한 **태초의 뇌수술 집도의**들은 비장한 각오로 지푸라기라도 잡는 절실한 마음으로 이 수술을 집도했을 것이다. 신경이 많이 지나가는 두피를 열 땐 환자가 이미 의식이 없는 상태이거나 부상 원인으로 인해 이미 상처가 개방이 된 상태였을 터다. 그나마 두개골엔 신경이 없어 천공 과정 중에 특별한 고통은 없었을 터였다. 그때의 의사들을 상상해 본다.

손에 쥔 끌에 땀이 쉴 새 없이 흐른다. 소를 실험 삼아 여러 번 구멍을 내본 적은 있지만 실제로 사람에게 진행하는 것은 처음이다. 스승님께서는 절대 힘을 과하게 줘선 안된다고 몇 번을 말씀하셨다. 끌이 머릿속 막을 찢으면 영혼의 집이 파괴되어 사람은 그대로 끝이라고 몇 번을 힘주어 말했다. 우린 그저 악령이 빠져나갈 수 있는 통로만 만들어주면 된다. 머리가 충격을 받으면 악령이 머릿속에 들어와 사람의 생명을 갉아먹는다. 악령이 이 사람의 생명을 모두 먹어 치우기 전에 빨리 깨어날 수 있도록 문을 열어주어야 한다. 끝을 잡은 손에 다시 힘을 주었다.

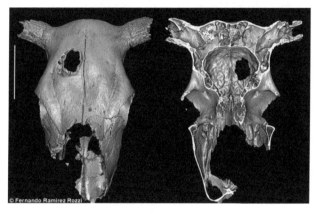

* 소의 머리에 천공 자국 (출처: Scientific Rep[ort, Earliest Animal Cranial Surgery: from Cow to Man in the Neolithic:, Fernando Ramirez Rozzi & Alain Fromen)

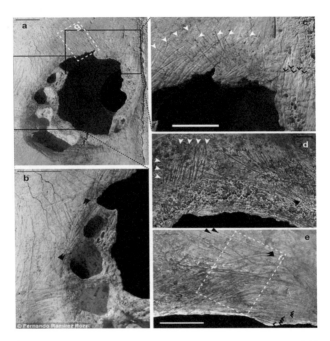

* A~C의 그림은 소의 두개골에 난 천공 자국이고 D~E는 사람의 두개골에 난 천 공자국이다. 절단 자국을 보면 두 기술이 동일하다. (출처: Scientific Rep[ort, Earliest Animal Cranial Surgery: from Cow to Man in the Neolithic:, Fernando Ramirez Rozzi & Alain Fromen)

프랑스 상뒤랑의 신석기 유적지에서는 5,000년 ~ 5,400년전의 것으로 보이는 천공된 소의 두개골이 발견되었다. 해당 유적지에 수많은 소들이 있던 것으로 보아 이 천공이 수의학적 치료 목적을 의미하진 않는다.

태초의 뇌수술 의사들은 소를 대상으로 천공술에 대한 연습을 진행했다. 소를 대상으로 천공술을 연습할 만큼 당시 천공술의 치유력에 대한 믿음은 꽤나 높았다.

태초의 뇌수술을 집도한 의사들이 정확히 어떤 이유로 이와 같은 고대 뇌수술을 집행했는 지에 관한 고고학적 증거가 충분하진 않다. 다만 다음 세가지 가능성을 고려해볼 수 있다. 첫째, 머리가 터질 것 같은 두통이 있을 경우 머리에 천공을 만들면 그나마 나아질 것으로 믿고 천공술이 시행됐을 것으로 보는 가설, 두번째로는 사냥이나 전투 중에 입은 머리 부상으로 인해 뇌가 부풀어 오르는 혼수상태의 사람들을 보고 뇌압을 완화시키기 위한 목적으로 천공을 냈을 가설, 마지막으로는 알 수 없는 뇌의 이상으로 횡설수설하는 양상을 보이는 사람에게 머릿 속 악령을 빼내는 목적으로 천공했을 것으로 보는 가설이다.

유럽 지역에서 발견된 천공 두개골은 골절 흔적이 드문데 반해 페루에서 발견된 천공 두개골에서는 골절 흔적이 많다. 대부분 전투 중 부상 치료를 위해 뇌수술을 진행한 것으로 보이는데 실제 이 지역 95%의 천공된 두개골은 남성의 것이었고, 이 중 60% 이상의 천공이 두개골의 왼편에 위치해 있었다. 그 다음이 이마 였는데 오른손 잡이 인간 두 명이 서로 마주보고 치열하게 둔기를 휘두르며 격투를 치르는 장면을 상상해보면 상처 부위가 왜 이 부위들에 집중된 것인지 예측해볼 수 있다.

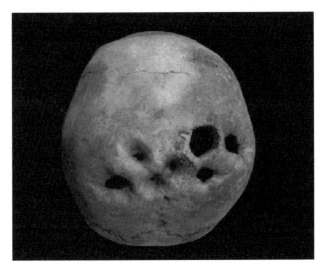

* Cuczo의 두개골에서는 무려 7개의 구멍까지 뚫은 흔적이 있다. 심지어 7개를 뚫을 때까지 살아 있었다. (출처 : Prehistoric trepanation in the Cuzco region of Peru: a view into an ancient Andean practice, V. Andrushko, J. Verano)

3. 뇌 수술도 서슴지 않았던 태초의 외과 의사

◆

그때에 주 하느님께서 흙의 먼지로

사람을 빚으시고, 그 코에 생명의 숨을 불

어넣으시니, 사람이 생명체가 되었다.

주 하느님께서는 동쪽에 있는

에덴에 동산 하나를 꾸미시어,

당신께서 빚으신 사람을 거기에 두셨다.

(창세기 2장 7절 ~ 8절)

4

사지 절단 수술까지 했던
호모사피엔스와 침 치료를 통해
통증을 다스렸던 외치(Ötzi)

보르네오 섬의 인도네시아 지역 동부 칼리만탄의 상
쿨리랑-망칼리핫 (Sangkulirang-Mangkalihat) 열대우림 지역
에 위치한 리앙테보(Liang Tebo)는 일년 중 몇 번 안 되는
시기에 한해 보트로만 접근할 수 있는 요새 같은 석회암
동굴이다. 이 곳에서 무려 31,000년전에 왼발이 절단된
채 사망한 사람의 유해가 발견 됐다.

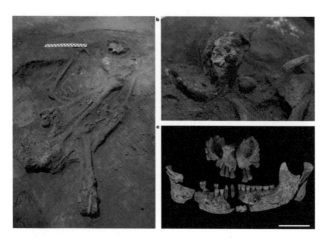

* 매장지에 조심스럽게 묻힌 유해 (출처 : Nature, Surgical amp utation of a limb 31,000 years ago in Borneo)

이 사람은 왼발 절단술을 받은 후에도 무려 8년 동안 이나 생존했다. 호모 사피엔스가 고도의 외과 영역인 절 단술을 성공적으로 수행한 것도 놀랍지만 그보다 더 놀 라운 사실은 이들 호모사피엔스 집단이 두발이 있어도 이동이 쉽지 않은 험준한 산악 지형에서 왼발이 절단된 사람을 8년간이나 살뜰히 보살피며 함께 동반해 살아갔다는 사실이다.

* 그리피스 대학 연구원들이 매장지에서 유적을 발굴하고 있는 모습, (출처 : EL PAÍS, A foot that was amputated 31,000 years ago illuminates the origins of surgery, JON GURUTZ ARRANZ IZQUIERDO)

이와 같은 절단 수술을 위해서는 해부학적 지식, 근육과 혈관 기능에 대한 이해, 출혈을 관리할 수 있는 기술이 있어야 한다. 설령 우연히 성공적으로 절단을 했다고 해도 감염에 취약한 덥고 습한 열대 우림 지역에서는 수술 후 감염 예방이 필수적이다.

부상자가 죽을 수 밖에 없는 수많은 이유를 뚫고 사람을 생존케 했다는 사실은 이들 호모 사피엔스들이 다리 절단 이후에도 감염을 예방하는 섬세한 후속 조치에 관한 노하우를 갖고 있었다는 사실을 시사한다. 수술 직전의 상황을 상상해 본다.

몸통이 아닌 사지에 발생한 부상은 직접적으로 생명에 영향을 미치진 않는단다. 다만 이대로 놔두면 곧 부위가 썩어 들어가기 시작할 거야. 잘 들어, 그렇게

나 맛있는 과육이 상해서 썩기 시작하면 곧 그 부위가 물러지고, 심한 냄새가 나기 시작해. 그리고 곧 썩은 부위는 전체로 퍼져 아예 먹지 못하게 되지, 그 뿐만이 아니야, 썩은 과일을 다른 과일에 두면 모두 다 같이 먹을 수 없는 상태가 되어 버리고 만단다. 이 상처도 마찬가지다. 곧 썩어 들어가기 시작해 너의 심장을 먹어치울 수도 있어. 지금 바로 잘라내야 한다. 조상들의 신에게 빌어라, 마음 단단히 먹어야 할 꺼다. 너가 지금까지 살아오면서 한번도 겪지 못한 큰 고통일 테니.

이 아름다운 공동체는 성공적으로 수술을 마친 왼쪽 발이 없는 가족을 살뜰히 돌보며 함께 살아갔다. 이 험준한 산악 지형에서 한쪽 발만으로 힘겹게 살아가야 했던 이 사람은 8년 뒤 죽음을 맞이해 정성스럽게 매장됐다. 반면 기원전 5천년 동안 눈 속에 매장되어 있던 고대인도 있었다. 그는 1991년이 되서야 발견됐다. 발견 당시를 상상해 본다.

"에리카, 내일이면 휴가가 끝나는데 오늘은 반드시 등반을 해봐야 해" 헬뮤트는 숙소의 커튼을 제치며 에리카에게 말했다. 이제 막 잠에서 깨어 창밖을 보니, 모처럼 화창한 날씨였다. 며칠 계속 날이 좋지 않아 숙소에서 나가지도 못했다. 이맘때 오스트리아와 이탈리아 알파인 국경지대의 절경을 놓치고 휴가를 마친다면 두 사람은 평생을 후회하게 되리라는 것을 잘 알고 있었다. 그렇게 힘차게 시작된 등반은 예상보다 더 힘들었다. 에리카는 티센요흐(Tisenjoch) 근

처 봉우리를 지나면서부터 헬뮤트에게 채근했다. "헬
뮤트, 이 정도로 힘들진 몰랐는데 빨리 내려갔으면
좋겠어요. 내 관절들이 살려달라고 아우성을 친다구
요." 이 지역 등반이 처음이 아니었던 헬뮤트는 에리
카의 성화에 예정된 경로를 벗어났다. 일반인들은 잘
모르는 지름길로 가로지를 생각이었다. 물론 권장 경
로는 아니었다. 하지만 지금은 해빙기였다. 충분히 시
도 해볼만한 코스였다. "에리카, 좀 다른 코스로 가볼
꺼야. 내가 생각하는 코스로 내려간다면 권장 코스보
다 30분은 더 빨리 내려갈 수 있어. 물론 권장 코스가
아니라서 약간 불편할 순 있을꺼야." 그들은 그렇게
후퇴하는 산 빙하 근처 바위로 뒤덮인 고지대를 횡
단하듯이 내려가기 시작했다. 해빙기인 탓에 사방에
서 얼음물이 녹아 떨어지는 소리가 가득했다. 신비로

운 분위기 속에서 외치 계곡을 내려다보며 걷고 있었다. 순간 남편의 발걸음이 갑자기 멈춰섰다. "에리카, 저기 저 누워있는 것 좀 봐봐!" 에리카는 한눈에 시체라는 것을 알 수 있었다. 헬뮤트는 재빨리 사진기를 꺼내 들었다. 이미 지나오는 길에 사진을 찍어대느라 필름이 거의 남아있지 않았다. 마침 하산을 마치면 에리카와 함께 기념사진을 찍으려고 한방을 남겨두고 있었는데 시체를 찍게 될 줄이야.

* 외치 유해 발견 당시의 모습, (출처 : BBC2 horizon "Death of Iceman")

외치를 발견할 당시 헬뮤트는 조난 당한 산악인이나 스키 선수인 것으로 생각했다. 아무도 이 유해가 석기시대 유물일 것이라고는 생각지 못했다. 그 해 여름 오스트리아에서는 이미 시신 8구를 인양했기 때문이었다. 이로 인해 초기 인양 과정 중에 상당수 유적이 손상됐다. 이 시체가 5,000년전 석기 시대 유해로 밝혀진 건 발견 후 5일이 지나서였다.

외치가 처음 발견된 후 무려 20여년이 지난 후에 DNA 분석이 다시 진행됐다. 분석에 따르면 외치는 터키 농부의 후손이며 대머리에 어두운 피부를 가진 45세의 남성으로 분석됐다.

사망 당시 45세로 추정되는 외치는 장 편충에 감염된 상태였다. 앞니는 알 수 없는 원인에 의해 일부 부러진 상태였고, 거친 곡물들을 섭취하는 과정에서 두루 마모

* 1991년 알프스 산맥에서 발견된 냉동 미라, Ötzi, 외치 계곡에서 발견되어 외치라는 이름이 붙여졌다. (출처: Marco Samadelli, Gregor Staschitz)

태초의 의사들

되었다. 후방 어금니 쪽에서 진행된 치주염은 거의 치근 끝까지 퍼져 치주 지지 조직까지 손상된 상태였다. 외치는 상당한 고통을 감내하고 살아갔던 인내심 많은 강인한 사람이었을 것이다.

요추의 골연골증과 경미한 척추증, 무릎과 발목 관절염등 노화로 인한 만성 통증도 않고 살았던 것으로 보인다. 외치는 이를 치료하기 위해 몸의 19개 부위에 61개의 문신을 새겼다. 질환이 있던 부위와 문신의 흔적이 일치하는 것으로 보아 치료 목적으로 행해진 것으로 본다. 중국에서 행해진 최초의 침 치료보다 무려 2천년 앞선 침 치료인 셈이다. 인내심 많고, 꽤나 와일드한 삶을 살았던 것 같은 외치의 최후를 상상해 본다.

4. 사지 절단 수술까지 했던 호모사피엔스 그리고 침으로 통증을 다스렸던 외치(Ötzi)

[•] 네덜란드 고생물 예술가
인 Adrie와 Alfons Kennis
가 외치를 재현한 모습, 이들
은 당시 DNA 분석 결과를
알지 못했다. 추가적인 정보
를 반영하면 피부 톤은 지금
보다 훨씬 더 어두워야 하고,
머리는 대머리에 가까워야
한다. (출처: South Tyrol
Museum of Archeology)

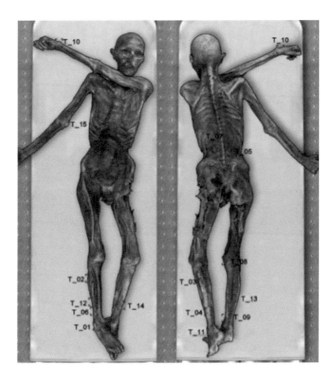

＊ 외치의 몸에서 문신이 발견된 위치로 대부분 앓고 있던 질환 부위와 일치한다.
(출처: EURAC/M.Samadelli/M.Melis)

4. 사지 절단 수술까지 했던 호모사피엔스 그리고 침으로 통증을 다스렸던 외치(Ötzi)

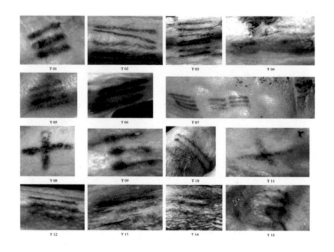

* 외치 문신의 형태, 일부는 반복적으로 시술했다. (출처 : EURAC/ M.Samadelli/M.Melis))

지형을 활용해 2명 까지는 활로 처리했지만 동료가 부상을 입은 탓에 전세는 역전되어 금새 쫓기는 신세 가 되어버리고 말았다. 외치는 산을 내려가기로 결심

태초의 의사들

했다. 현재 부상당한 동료를 이끌고 계속해서 이 힘준한 계곡에서 추격전을 이어갈 순 없었다. 오랜 시간 쫓긴 탓에 피곤하고 지치기도 했다. 외치는 눈보라가 심할 때면 몸을 피했던 그만의 아지트를 떠올렸다. 그는 그의 동료와 함께 마지막 힘을 짜내어 빙퇴석의 경사면을 따라 아지트로 몸을 숨겼다.

아마 오늘밤 정도는 넘길 수 있을 것 같다. 모닥불을 피웠다. 배낭에서 **이콘 밀, 고사리, 훈제 붉은 사슴과 아이벡스 고기**까지 몽땅 꺼내자 갑자기 그의 동료가 눈을 동그랗게 떴다. "내일 아침이 밝으면 쉬지 않고 내려가야 하니, 많이 먹어두게나 따로 뭘 먹을 시간도 없을 것이야. 저들도 곧 우리 흔적을 찾아낼걸세, 쉽게 포기하지 않을 것 같네." 하지만 외치의 예상은 빗나갔다. 그들은 외치의 아지트를 곧 찾아냈다. 외치

4. 사지 절단 수술까지 했던 호모사피엔스 그리고 침으로 통증을 다스렸던 외치(Ötzi)

는 고함을 지르며 달려드는 적의 칼을 재빠르게 단검을 빼들어 대응했다. 하지만 적의 움직임이 더 빨랐다. 최초의 공격에 외치가 균형을 잃자 바로 두번째 공격이 이어졌다. 이 두번째 공격에 외치의 손목뼈가 부러졌다. 곧이어 멀리 등 뒤에서 화살이 날아들어 외치의 견갑골을 관통했다. 이것으로 끝이었다. 그들은 지금까지의 외치의 치열한 저항에 질리기라도 한 듯 쓰러진 외치의 머리를 한번 더 내리쳤다.

쓰러진 외치의 몸 위로

세찬 눈보라가 들이닥쳤다.

눈이 쌓이고

쌓이고

쌓이고

또 쌓였다.

5천년이 지난 뒤에도

외치는 영원한 안식을 얻진 못했다.

4. 사지 절단 수술까지 했던 호모사피엔스 그리고 침으로 통증을 다스렸던 외치(Ötzi)

◆

그리고 사람에게는 이렇게 말씀하셨다.
"네가 아내의 말을 듣고, 내가 너에게 따 먹지 말
라고 명령한 나무에서 열매를 따 먹었으니, 땅은
너 때문에 저주를 받으리라. 너는 사는 동안 줄곧
고통 속에서 땅을 부쳐 먹으리라.

땅은 네 앞에 가시덤불과 엉겅퀴를 돋게 하고
너는 들의 풀을 먹으리라.
너는 흙에서 나왔으니 흙으로 돌아갈 때까지
얼굴에 땀을 흘려야 양식을 먹을 수 있으리라.
너는 먼지이니 먼지로 돌아가리라."

(창세기 3장 17절 ~ 19절)

참고 문헌

만일 인류 역사 1만년전부터 오늘날까지 각각의 천년을 대표하는 인간들을 한 명씩만 뽑아 무인도에서 생존 게임을 벌이게 했다면 그 결과는 어떻게 됐을까요? 아마도 현재를 살아가고 있는 인류가 핸드폰을 찾아다니다가 가장 먼저 죽음을 맞이하게 될 겁니다. 고대 인류를 너무 미개했던 존재만으로 생각하는 편견은 갖지 않았으면 좋겠습니다. 우리는 앞선 세대 인류의 시행착오와

노하우를 바탕으로 현재의 혜택을 누리는 것일 뿐입니다. 모든 세대에 걸쳐 인간은 항상 **Homo Sapiens** (슬기로운 인간) 였습니다.

신석기 문명은 기원전 8,000년경부터 고대 근동 지방에서 시작됐습니다. 이후 2,000여년에 걸쳐 발칸 반도와 서부 지중해 연안을 경유해 도나우강과 라인강을 따라 파리에까지 이르렀습니다. 이 문명은 다시 천년의 시간을 거쳐 다른 문명과 통합되는 과정을 거쳐 브르타뉴 지역에 정착했습니다.

터키 중북부 샤탈 휘위크 지방의 신석기 문명은 6,000년대부터 시작됩니다. 그리고 마침내 기원전 5천년, 비옥한 초생달 지역인 고대 오리엔트에서 인류 최초의 문자로 기록된 언어를 사용한 수메르인이 나타납니다.

지금까지 문자 기록 이전 기간 동안 있었던 다양한 의학적 발견과 당시 인류가 맞이했던 생활 환경에 관해 두루 살펴봤습니다. 글을 쓰는 내내 현대 의학의 혜택을 누리는 오늘을 살고 있다는 게 얼마나 큰 축복인가라는 생각을 다시 한번 생각하게 됐습니다. 고고학 연구는 지금 이 시간에도 세계 곳곳에서 진행되고 있습니다. 새로운 유적지의 발견에 따라 또는 기존 유적지 안에서의 추가적인 발굴 소식에 따라 본 저의 내용과 다른 내용이 내일 뉴스에 등장할 수도 있습니다. 각 챕터별 에피소드에 대한 내용을 보다 깊게 확인해보고 싶으신 분들을 위해 참고 문헌에 관한 내용을 상세히 밝혀드립니다.

Chapter 1. 어쩌면 태초의 산부인과, Göbekli Tepe

석기 시대 유적의 흔적은 많은 연구 과정이 동반되며 그에 따라 여러 가설들이 존재할 수 있습니다. 이 책의 본문은 여러 학술 발표들을 비교 검토해본 뒤 가장 많은 지지를 받는 연구 결과들을 채택해 실었음을 밝힙니다. 괴베클리 테페의 연구는 현재도 지속되고 있습니다. 본문을 구성하는데 있어 기본적인 뼈대는 International Journal of Social, Political and Economic Research, Volume 7, Issue 1, 2020, Human History and Göbeklitep 내용과 Göbekli Tepe, Turkey. A brief summary of research at a new World Heritage Site (2015 - 2019)를 참조했습니다. 두개골 숭배와 관련된 부분은 Modified human crania from Göbekli Tepe provide evidence for a new form of Neolithic skull cult JULIA GRESKY, JULIANE HAELM, AND LEE CLARE Authors

SCIENCE ADVANCES 28 Jun 2017 Vol 3, Issue 6 DOI: 10.1126/sciad v.1700564을 주로 참조했습니다. 이 외에도 다양한 참고 자료가 있었지만 대부분 앞선 문헌들의 내용과 중복되는 내용이어서 싣지 않습니다.

Chapter 2. 때우고 뚫고 할 것 다 했던 태초의 치과 의사들

석기 시대인들의 수명에 관한 내용은 뉴욕 컬럼비아 대학교 공중 보건 학교의 교수인 lee goldman이 AM J Public Health, 2018년 1월호에 기고한 Three Stages of Health Encounters Over 8000 Human Generations and How They Inform Future Public Health 자료와 스코틀랜드 왕립 의과대학의 W. J. MacLennan, W. I. Sellers의 논문 AGEING THROUGH THE AGES를 기본으로

두고 검토했습니다. 그 외 다수의 자료들도 유사한 견해를 담고 있어 따로 싣지 않습니다. 그 외 국내 포털 검색 자료 중에 TV 프로그램에 나온 장면을 캡쳐해 석기시대 보통 수명이 70세였다는 강의 기록 블로그가 있는데 어떤 논문에서도 이를 뒷받침할만한 내용을 찾지 못했습니다. 일반적으로 평균 수명과 기대수명이라는 개념을 쓰는데 해당 글에서 보통 수명이라 표현된 부분은 아마도 기대 수명을 의미하는 것으로 보입니다. 이와 같은 의견에 가장 근접한 자료는 호주국립대학교 고고학 박사인 Christine Cave가 2018년 8월에 기고한 Did Ancient People Die Young? Many of us believe our ancestors lived much shorter lives than we do. Cutting-edge archaeology shows otherwise. 아티클을 참고해보면 좋을 것으로 생각됩니다. 다만 이 아티클은 인용이 명확히 표시되지 않아 공식적으로 채택하지 않았습니다. 석기 시대 치과에 관한 내용은 Cosmo s Ancient 'chewing gum' reveals poor Stone Age dental health, Evrim Yazgin의 내용을 참조했습니다. 해당 아티클의 근거는 2024년 1월 13일, Scientific Reports 지에 게재된 스톡홀름 대학의 Emrah Kırdök, Natalija Kashuba, Hege Damlien, Mikael A. Manninen, Bengt Nordqvist, Anna Kjellström, Mattias Jakobsson, A. Michael Lindberg, Jan Storå, Per Persson, Björn Andersson, Andrés Aravena, Anders Götherström.이 참여한 연구인 Metagenomic analysis of Mesolithic chew ed pitch reveals poor oral health among stone age individuals. 내용이 핵심 내용입니다. 본 연구 자료는 완성도가 매우 높은 편으로 어떤 참고 자료보다 훌륭했습니다. 모로코 유적에 관한 연구 자료는 BBC의

과학특파원 기자인 Jonathan Amos의 Moroccan Stone Age hunters' rotten teeth, January 2014 기사를 참조했습니다. 스위스 라인강 유역에서 진행한 실험의 자세한 내용은 The Impact of the Stone Age Diet on Gingival Conditions in the Absence of Oral Hygiene, 2009년 5월 논문을 참조하시기 바랍니다. 치과 치료에 관한 부분은 볼로냐 대학교의 Georgio Oxilia와 Stefano Benazzi 연구팀의 '후기 구석기 시대의 치과학의 새벽' 논문과 Coppa A, Bondioli L, Cucina A et al ., Nature 2006; 440 : 755-756 에서 참조했습니다.

Chapter 3. 뇌 수술도 서슴지 않았던 태초의 외과 의사들

존스홉킨스 대학교에서 출판한 Plinio Prioreschi의 Possible Reasons for Neolithic Skull Trephining를 주로 검토했습니다. Plinio Prioreschi는 고고학 분야 전문가로 원시 및 고대 의학의 저자입니다. 소의 두개골 천공에 관한 내용은 Fernando Ramirez Rozzi & Alain Fromen의 두 공저자가 2018년 4월 19일, Scientific Report지에 게재한 Earliest Animal Cranial Surgery: from Cow to Man in the Neolithic 내용을 참조했습니다. 대한신경외상학회지에 순천향대학교 천안병원 신경외과 이경석 MD의 기고한 글에 의하면 **"석기시대는 씨족사회, 부족사회였다. 그 사회의 지도자는 가장 강하고 가장 영리한 사람이 될 것입니다. 젊은 지도자는 늙어가는 두뇌를 지닌 노인이 되었다. 노화된 뇌를 나타내는 뇌 위축은 만성 경막하 혈종(SDH)의 발병을 위한 중요한 전제 조건**

입니다. 무증상 만성 SDH는 사소한 부상 후에도 발생할 수 있습니다. 혈종이 커지면 두개내압이 상승하는 전형적인 증상이 나타난다. 뇌가 이동하거나 운동 피질이 압박되면 편마비와 의식 상실이 발생하여 넘어지기 쉽습니다. 편마비를 앓고 있는 노령의 지도자는 날카로운 돌에 넘어져 자연적인 천공이 일어날 수도 있었습니다. 액화된 혈종이 배출되어 이동과 압박이 해결됩니다. 옛 지도자는 혼수상태와 편마비에서 회복되었습니다. 리더의 머리에서 검은 악마가 새어 나오는 것 같습니다." 라고 묘사한 부분이 있습니다. 뇌 손상에 따른 의학적 상황을 잘 짚어주지만 당시 발견된 천공된 두개골의 연령대는 많아야 40대였습니다. 노령의 지도자의 뇌 위축에 의한 치료라기 보단 사냥이나 전투 중 부상에 의한 치료였음이 더 정확합니다. Plinio Prioreschi

의 원시, 고대 의학 저서에서도 그와 같은 가설과 근거를 설명하고 있습니다.

Chapter 4. 사지 절단 수술까지 했던 호모사피엔스 그리고 침으로 통증을 다스렸던 외치(Ötzi)

31,000년전 보르네오 섬의 유적에 관한 내용은 그리피스 대학 학자들과 인도네시아 호주 고고학자 팀이 2022년 Surgical amputation of a limb 31,000 years ag o in Borneo라는 이름으로 Nature 지에 게재한 연구 성과를 기본으로 합니다. 이 발견은 Hertiage daily, EL PAÍS 등 여러 매체에서 다뤄졌습니다. EL PAÍS 에서는 발굴 작업에 관한 동영상이 첨부되어 있어 지금보다 더 발굴 현장에 대한 입체적인 이해가 가능합니다. 이 부분 챕

터를 고민할 때 2015년 4월, Vital Signs에 기재된 **How Stone Age blades are still cutting it in moder n surgery**도 활용할 지 여부를 고민했었습니다. 앨버타 대학의 가정의학과 교수인 Lee Green은 석기 시대 원시 수술에 사용됐을 것으로 추정하는 흑요석으로 현대식 메스를 재현했습니다. lee Green은 "이 흑요석 메스를 사용하면 현대의 메스보다 더 빨리 치유되고 흉터가 덜 남는다"고 주장했고, 실제로 현미경을 통해 비교한 실험에서 흑요석 메스로 절단한 절단면이 오늘날의 메스보다 더 매끄럽게 절단되고 조직 손상을 최소화하는 결과를 보여주기도 했습니다. 하지만 고고학적으로 입증된 자료로 보기 어려워 배제했습니다.

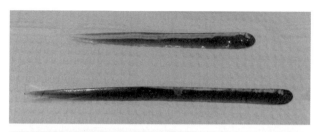

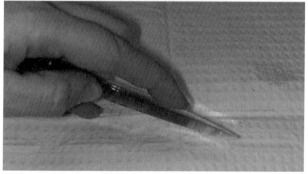

• Lee green 박사가 재현한 흑요석으로 만든 메스, (출처 : Dr.. Lee green,
How Stone Age blades are still cutting it in modern surgery, Vital
signs)

아이스맨 외치는 이미 많이 알려진 소재여서 참조 문헌이 넘쳐났습니다. Wikipedia만 봐도 그동안의 연구 성과들을 매우 상세하게 잘 정리된 내용이 있습니다. 본 책에서는 생동감 있는 묘사를 위해 외치와 관련된 동영상 프로그램을 찾아보며 기존에 문헌들과 함께 묶어 책의 주제와 연관되는 부분들만 따로 뽑아 정리했습니다. 외치의 DNA 분석 논문은 23년 8월 16일에 Cell Genomics에 게재됐습니다. 사이트에는 외치 유해의 보다 상세한 이미지를 추가로 확인하실 수 있습니다. 다만 비위가 약하신 분들에게 권하진 않습니다. 외치의 마지막 장면을 묘사한 장면은 2002년 가디언지, Rory Carroll의 How Oetzi the Iceman was stabbed in the back and lost his fight for life를 참조해 최대한 실제 연구 결과에 부합하도록 묘사했음을 밝힙니다.

◆

강 하나가 에덴에서 흘러나와 동산을 적시고
그곳에서 갈라져 네 줄기를 이루었다.

첫째 강의 이름은 피손인데,
금이 나는 하윌라 온 땅을 돌아 흘렀다.
그 땅의 금은 질이 좋았으며, 그 고장에는
브델리움 향료와 마노 보석도 있었다.

둘째 강의 이름은 기혼인데,
에티오피아 온 땅을 돌아 흘렀다.

셋째 강의 이름은 티그리스인데, 아시리아 동쪽으로
흘렀다. 그리고 넷째 강은 유프라테스이다.

주 하느님께서는 사람을 데려다 에덴동산에 두시어,
그곳을 일구고 돌보게 하셨다.

(창세기 2장 10 ~ 15)

파라오의 의사들을
준비하며

'태초의 의사들'의 원고는 '백년병원'보다 먼저 준비된 원고였습니다. 원래 계획은 대중적인 서적을 먼저 내고, 다음에 전문 서적을 내는 것이었습니다만 준비하고 있던 프로젝트 사정상 전문 서적이 먼저 나오게 됐습니다.

평소에 **'책이 책을 어렵게 만든다'**는 문제 의식을 갖고 있었습니다. 독서 모임을 오랫동안 해오면서 각종 추천사로 뒤덮인 띠지와 뭔가 있어 보이는 외피를 두른 장중한 두께의 베스트셀러들에게 패퇴해 "내가 무슨 책이야, 난 역시 책이랑은 안 어울리는 사람인 거 같아." 하고 다신 책 따윈 보지 않겠다며 유투브의 세계로 떠나가는 친구들을 많이 봐왔습니다. 내가 만일 책을 낸다면 **'쿠키' 같이 단숨에 먹어치울 수 있는 쉽고 맛있는 책**을 내겠다고 생각했습니다. 독서를 어렵게 느끼는 많은 이들이 완독의 성취감을 느끼면서도 뭔가 새로운 걸 얻었다는 성취감을 줄 수 있는 그런 책!

'마니피캇'에서 내는 책은 휴대하기 간편한 현재의 사이즈와 최대 200페이지를 넘지 않는 분량, 마지막으로 직접 출판을 통해 최대한 부담 없는 가격대를 유지할 생각입니다.

직전에 출간한 '백년병원'은 곧 보완된 원고를 바탕으로 '백년병원 vol.2〈가제〉'를 새롭게 선보일 예정입니다. '백년병원 vol2〈가제〉'에서는 각 챕터별로 한걸음씩 더 들어간 내용을 담았습니다. 백년병원의 챕터별 심화 과정도 실제 프로젝트와 함께 묶어 출간될 예정입니다. **투자 여건이 안 되는 1차 병원들이 스스로 학습해 각자의 병원 환경에 반영할 수 있도록 구성하는 게 목적**입니다.

의학 역사를 정리하는 여정의 다음 여정은 **'파라오의 의사들<가제>'**을 준비하고 있습니다. 이집트 문명의 의사들은 미이라 매장 관습으로 인해 인체를 해부하고 장기를 방부 처리하는 데 능숙했습니다. 인체 각 기관 분야별로 의료 분야도 전문화되어 있었습니다. 인체를 해부하면서 얻게 된 지식을 바탕으로 의술을 보다 더 체계화하려는 다양한 노력들이 나타납니다. 문자가 발명된 이후의 역사이기 때문에 석기 시대 의학에 대한 자료보다 더 구체적인 자료를 바탕으로 당시의 의료 환경을 보다 더 심도 있게 입체화할 수 있을 것 같습니다.

　성서학적으로도 이집트 문명은 중요한 위치를 차지합니다. 이스라엘 민족이 팔레스타인으로의 본격적인 이주를 시작하는데 있어 중요한 역할을 하는 민족이기 때문입니다. 사람을 치유하는 행위는 신학적으로 큰 의미를 내포하고 있습니다. 역사 속에서 종교와 의학이 엮이는 부분도 많습니다. **생명과 관련 있기** 때문입니다. 종교와 의학의 역할 분리는 그리스 문명때에 잠깐 분리 되었다가 중세 시대에 합쳐지고 르네상스 시대를 겪으며 또 다시 분리되는 과정을 거칩니다. 이 부분에 관한 내용도 의학 역사와 더불어 교회사적 내용과 함께 깊이 있게 다뤄볼 예정입니다.

　'마니피캇'은 두가지 뚜렷한 미션을 갖고 있습니다. **하나는 의학과 관련된 흥미로운 대중서적의 발행을 통**

해 일반인들이 의학에 대해 갖고 있는 '의학은 어렵다'
는 편견에서 벗어나도록 하는데 있습니다. 일부 언론에
서 고액 연봉만을 거론하며 의사업(業)에 대해 편견을 갖
게 만드는 것은 헬스케어 산업 전반에 도움이 되지 못합
니다. 본인들의 청춘을 바쳐 생명을 다루는 서비스를 제
공하는 의사들과 내 곁의 소중한 사람들과 조금이라도
더 생존할 수 있는 시간을 갖고자 병원을 찾는 사람들이
서로 적대감을 갖게 할 이유가 없습니다. 이해의 지평이
넓어져야 편견이 사라집니다.

　다른 하나는 의료업에 종사하는 많은 사람들의 다양
한 이야기를 재미있게 담아 **생명을 다루는 업이 얼마나
보람차고 신나는 일인지** 알게 하고 싶습니다.

　월리엄 워럴 메이요는 해부학적 지식을 심화 시키기

위해 아들을 데리고 자청해서 부검을 하러 다녔습니다. 당시만해도 많은 사람들이 의학적 치유에 대해 큰 기대를 걸지 않던 시대였습니다. 의사들의 수입은 베이컨 한 덩이를 받는 정도의 수준이어서 의사직만으로는 생활을 꾸려가기 어려워 다른 일을 함께 병행하지 않으면 안 됐습니다. 심지어 왕진 가서 말의 질병까지도 함께 살펴봐줘야 하는 수모도 겪어야 했습니다. 하지만 그는 나름의 사명감을 갖고 꾸준히 스스로 의술을 익혀 나가며 지역 사회에 투신해 오늘날 **MAYO CLINIC 이라는 백년병원의 토대를 닦았습니다.**

　'마니피캇'은 앞으로도 **지역민들에게 Love Mark가 되길 원하는 선한 병원을 돕고자 합니다.** 병원이 본연의 가치와 미션에 온전히 집중할 때 성공이 자연스럽게 따라오게 되는 선순환 모델을 담은 책들을 꾸준히 내겠습니다. **선한 사마리아인 같은 의료업 종사자들의 다양한 이야기**도 기다리고 있습니다. 글에 대해 자신이 없거나 글 쓸 시간이 없거나 글을 잘 못 써도 괜찮습니다. 나만의 이야기만 있다면 인터뷰만으로도 '쿠키'처럼 맛있는 책을 완성할 수 있도록 돕겠습니다.

용기를 내세요!
생명에 관한 모든 헌신적인 사람들의 이야기는
모두 한편의 감동적인 영화입니다.

◆

"아버지, 아버지의 이름을

영광스럽게 하십시오."

그러자 하늘에서

"나는 이미 그것을 영광스럽게

하였고 또다시 영광스럽게 하겠다."는

소리가 들려왔다.

(요한 12:28)

MAGNIFICAT FAQ

마니피캇의 의미는 뭔가요?

Magnificat은 라틴어로 **찬미, 찬양**의 의미를 지니고 있습니다. Magnificat이라는 라틴어로 파생된 영단어는 Magnificent로 **참으로 아름다운, 위대한**이라는 의미를 지니고 있습니다. 태중에 예수님을 모신 성모님이 엘리사벳 성녀를 만났을 때 성령으로 말미암아 터져나온 찬미가로 인간이 표현할 수 있는 가장 극대화된 찬미와 찬양을 의미합니다.

백년병원은 뭔가요?

백년병원은 마니피캇이 처음으로 내놓은 **간추린 병원 브랜딩 요약서**입니다. 백년병원은 저의 MBA 석사 학위

필드스터디 논문의 주제이기도 했습니다. 세계적으로 이름난 백년의 역사를 지닌 병원들의 공통점과 특징에 관해 정리한 논문입니다. 해당 논문을 구성하며 발견한 백년의 역사를 지닌 병원들의 공통적으로 병원 최초 설립자의 설립 이념을 성경처럼 지켜왔던 병원들이었습니다. 이와 같은 추앙 받는 백년 병원이 우리나라에도 탄생하길 바랍니다. 하여, 많은 지역민과 시민과 국민들이 마니피캇(Magnificat)하고, 추앙해 마지않는 브랜드가 되길 바랍니다.

저자, 이원길 현) 마니피캇 대표

20대 시절에 이승철, 이문세, 김건모, 이소라 콘서트 연출팀에서 총연출을 배우고 무대 공연 총감독 자리에 오른 뒤 은퇴했다. 이후 글로벌 광고 대행사에서 스티브 잡스의 성과들을 마케팅 하던 중 회심 체험을 하면서 이태석 신부님을 따라 선교지 파견을 결심하고 살레시오회에 입회했다. 수도 생활 3년째 되던 해에 신부님이 대장암으로 돌아가시면서 선교지 파견이 여의치 않게 되어 환속해 헬스케어 컨설팅펌에서 7년을 일했다. 보건산업진흥원 강사로 활동하던 중 발 빠르게 변화하는 산업 트렌드를 반영하지 못하고, 프로젝트에 치여 정체되는 느낌을 받아 성빈센트병원 프로젝트를 끝으로 스타트업이라는 전쟁터에 뛰어들었다. 이후 5개 스타트업의 임원으로 재직하면서 매분기 치열한 생존 싸움을 벌여왔다. 그 중에 1개 회사는 코스닥에 상장됐고, 1개 회사는 전사했으며, 3개 회사는 여전히 치열하게 전투 중에 있다. 현재는 선한 지향을 가졌지만 경영상 어려움을 겪는 병원들의 브랜딩을 도우며, 대중들이 어렵게 느끼는 의학을 쉽고 편하게 느낄 수 있는 책을 펴내고 있다.

헬스케어 프로젝트

- 빅4병원 대비 서울대병원 대외 이미지 분석

- 사랑으로하나되는 세계속의 성빈센트병원 브랜딩 전략

- 관절전문병원 바로선병원외 7개 병원 브랜딩 전략

- 엘리오앤컴퍼니 브랜드전략팀 컨설턴트

- 한국보건산업진흥원 초빙 강사

스타트업 커리어

- 블록체인 스타트업 이지비랩 전략기획실 CSO

- 디지털광고 스타트업 모비데이즈 전략기획실 총괄

- 온라인 해산물 스타트업 얌테이블 COO

- 디지털콘텐츠 퍼블리싱 스타트업 패스트뷰 COO

- 인플루언서 커머스몰 인플카 스타트업 마켓잇 COO

학업

- 한양대학교 경영전문대학원, 의료경영학 석사
- 연세대대학교 브랜드전문가 과정
- 방송대학교 미디어영상학
- 가톨릭신학대학교 신학
- 단국대학교 법학

그리고 세종시에서 1년 동안 **교육의 미래 대안**을 고 민하며 SOOMTER라는 교육 커뮤니티를 운영한 바가 있습니다. SOOMTER에서는 일반 학원에서 가르치는 교육이 아닌 **독서와 토론, 영화 비평과 코딩으로 배우**

는 수학, 보드 게임의 로직들을 가르쳤었습니다. 당시 가르쳤던 제자들, 한 명 한 명을 잊지 않고 기억합니다. 개인적으로 이 작은 책을 통해 당시 아이들과 함께 약속 했던 **"우리 모두 스스로 인생의 주인이 되는 저자(著者) 의 삶을 살자"**는 약속을 지켰습니다. 이 책을 접하게 될 SOOMTER 친구들이 이 세상의 소중한 빛으로 건강히 성장해 나가고 각자 자기 분야에서 스스로 주인이 되어 살아가는 멋진 삶을 살아가길 기도합니다.

태초의 의사들

병원에서 지역민들에게 추앙 받는 브랜드로
백년 병원의 이야기를 함께 만들어 갑니다.